O ESSENCIAL VON MISES

Murray N. Rothbard

O ESSENCIAL VON MISES

3ª edição

MISES BRASIL

Título do Original em Inglês:
The Essential von Mises

Editado por:
Instituto Ludwig von Mises Brasil
R. Iguatemi, 448, cj. 405 – Itaim Bibi
CEP: 01451-010, São Paulo – SP
Tel.: +55 11 3704-3782
Email: contato@mises.org.br
www.mises.org.br

Impresso no Brasil/*Printed in Brazil*
ISBN: 978-85-62816-86-4
3ª Edição

Tradução:
Maria Luiza Borges, para o Instituto Liberal

Revisão para nova ortografia:
Fernando Fiori Chiocca

Capa:
Neuen Design

Projeto Gráfico:
André Martins

Imagens da capa:
Ludwig von Mises Institute

Ficha catalográfica elaborada pelo bibliotecário
Sandro Brito – CRB8 – 7577
Revisor: *Pedro Anizio*

R845e   Rothbard, Murray N.
   O Essencial von Mises / Murray N. Rothbard. – São Paulo : Instituto Ludwig von Mises Brasil, 2010.

   Bibliografia

   1. Economia 2. Liberdade 3. Ação Humana 4. Livre Mercado 5. Escola Austríaca I. Título.

   CDU – 330:330.81

Sumário

Capítulo 1	Introdução	9
Capítulo 2	A escola austríaca	11
Capítulo 3	Mises e a economia austríaca: a teoria da moeda e do crédito	19
Capítulo 4	Mises e o ciclo econômico	25
Capítulo 5	Mises no período entre guerras	27
Capítulo 6	O socialismo e o cálculo econômico	31
Capítulo 7	Mises e a metodologia da ciência Econômica	33
Capítulo 8	Ação humana	37
Capítulo 9	Mises nos Estados Unidos	43
Capítulo 10	O redescobrimento	47
Capítulo 11	A saída: um futuro promissor	49

Capítulo 1

Introdução

No plano da política e da ideologia, frequentemente são-nos apresentadas apenas duas alternativas: somos, então, induzidos a fazer nossa escolha nos limites desse arcabouço viciado. Na década de 1930, a esquerda nos asseverava que tínhamos de escolher entre o comunismo e o fascismo: eram as únicas alternativas disponíveis. Agora, no âmbito da ciência econômica norte-americana contemporânea, pretende-se que optemos entre os monetaristas do "mercado livre" e os keynesianos. Além disto, espera-se que atribuamos grande importância a fatores tais como a exata quantia em que o governo federal deveria expandir a oferta de moeda ou o montante preciso do déficit federal.

Um terceiro caminho, muito acima das mesquinhas controvérsias acerca da "mescla" monetário-fiscal da política governamental, permanece virtualmente esquecido. Quase ninguém leva em conta esta terceira alternativa: a eliminação de qualquer influência ou controle do governo sobre a oferta de moeda ou, até mesmo, sobre toda e qualquer parte do sistema econômico. Aí está a trilha desprezada do verdadeiro mercado livre, a trilha que um notável e solitário economista, disposto ao combate e de fascinante criatividade – Ludwig von Mises – desbravou e propugnou ao longo de toda a sua vida. Não é exagero dizer que o mundo só se libertará de seu miasma de estatismo e que, na verdade, os economistas só retornarão a um sólido e correto desenvolvimento da análise econômica no dia em que, deixando o atoleiro em que hoje se encontram, alcançarem o elevado terreno que Mises preparou para nós.

Capítulo 2
A Escola Austríaca

Ludwig von Mises (1881-1973) nasceu no dia 29 de setembro na cidade de Lemberg, então parte do Império Austro-Húngaro, onde estava morando seu pai, Arthur Edler von Mises, destacado engenheiro civil, que trabalhava nas estradas-de-ferro austríacas. Na virada do século, ingressou na Universidade de Viena, cidade em que fora criado, para graduar-se em Direito e Economia.

Nasceu e cresceu quando a grande "Escola Austríaca" de economia chegava ao seu apogeu. É impossível compreender Mises, com suas vitais contribuições à economia, sem levar em conta a tradição dessa escola, por ele estudada, assimilada.

Por volta da segunda metade do século XIX, tornou-se claro que a "economia clássica", que atingira seu ápice na Inglaterra, nas pessoas de David Ricardo e John Stuart Mill, soçobrara lamentavelmente em meio aos escolhos de uma série de falhas fundamentais. A falha crucial fora a tentativa de analisar a economia com base em "classes" e não em ações de indivíduos; por isso, os economistas clássicos além de não conseguirem explicar corretamente as forças subjacentes que determinam os valores e os preços relativos dos bens e serviços, tampouco foram capazes de analisar as ações dos consumidores, determinantes decisivos das atividades dos produtores na economia. Voltados para "classes" de bens, nunca puderam resolver, por exemplo, o "paradoxo do valor": o pão, apesar de ser extremamente útil, constituindo, mesmo, o "sustento da vida", tem baixo valor no mercado, enquanto os diamantes, mero luxo, e, portanto, simples futilidade do ponto de vista da sobrevivência humana, são valorizadíssimos. Por que o pão, obviamente mais útil que os diamantes, é cotado no mercado a preço tão inferior ao destes?

Tendo desistido de explicar esse paradoxo, os economistas clássicos chegaram, infelizmente, a uma conclusão: como os valores eram fundamentalmente divididos, o pão, embora tivesse um "valor de uso" superior ao dos diamantes, tinha, por alguma razão, um menor "valor de troca". Foi com base nessa divisão que gerações posteriores de autores denunciaram que a economia de mercado ensejava uma calamitosa canalização de recursos para a "produção para lucro", em detrimento da "produção para uso", muito mais benéfica.

Incapazes de analisar as ações dos consumidores, os economistas clássicos tampouco conseguiram explicar satisfatoriamente o que determinava os preços no mercado. Procurando, às cegas, uma solução, concluíram, lamentavelmente: (a) que o valor era algo inerente às mercadorias; (b) que o mesmo só podia ter sido conferido a esses bens pelos processos de produção; e (c) que sua fonte básica era o "custo" de produção, ou mesmo a quantidade de horas de trabalho nela despendidas.

Foi essa análise ricardiana que, mais tarde, permitiu que Karl Marx concluísse com perfeita lógica que, se todo valor é produto da quantidade de horas de trabalho, então todo juro e todo lucro obtidos por capitalistas e empregadores se constituem, necessariamente, em "mais-valia", injustamente extorquida dos ganhos a que faz jus a classe trabalhadora.

Tendo, assim, caucionado o marxismo, os ricardianos tentaram replicar que os bens de capital eram produtivos, sendo, por isso, razoável que auferissem sua cota na forma de lucros; os marxistas retrucaram, então, com razão, que o capital também é trabalho "embutido", ou "incorporado", e que, por conseguinte, nos salários deveria estar absorvido todo o rendimento da produção.

Mas não foi só o lucro que recebeu dos economistas uma explicação ou justificativa insatisfatória. Ao tratar da partilha do rendimento da produção exclusivamente em termos de "classes", os ricardianos perceberam apenas uma permanente "luta de classe" entre "salários", "lucros" e "aluguéis", luta esta em que trabalhadores, capitalistas e proprietários brigariam eternamente por seus respectivos quinhões. Pensando apenas com base em agregados, os ricardianos dissociaram lamentavelmente as questões de "produção" e "distribuição", concebendo a última como objeto de conflito entre essas classes em luta. Foram forçados a concluir que a elevação dos salários só era possível à custa de redução de juros e rendas. Mais uma vez, os ricardianos abriram caminho para o sistema marxista.

Assim, considerando classes em vez de indivíduos, os economistas clássicos não só tiveram de abandonar qualquer análise do consumo, perdendo-se na análise do valor e do preço, como também não conseguiram sequer aproximar-se de uma explicação sobre a determinação do preço dos fatores individuais de produção, quais sejam, unidades específicas de trabalho, terra ou bens de capital. Na segunda metade do século XIX, as deficiências e falácias da economia ricardiana tornaram-se cada vez mais patentes. A própria ciência econômica chegara a um beco sem saída.

Muitas vezes, na história da invenção humana, descobertas semelhantes foram feitas ao mesmo tempo, de forma inteiramente independente, por pessoas que viviam em lugares e em condições muito diversas. Assim também, a solução de muitos dos paradoxos acima referidos emergiu, de modo totalmente independente e sob formas diversas, num só ano -1871: na Inglaterra, através de William Stanley Jevons; na cidade suíça de Lausanne, por meio de Leon Walras; e, em Viena, com Carl Menger. Foi este o ano do nascimento da economia moderna, ou "neoclássica". A solução proposta por Jevons em sua nova concepção econômica era fragmentada e incompleta. Além disso, ele teve de lutar contra o enorme prestígio granjeado pela economia ricardiana no fechado meio intelectual da Inglaterra. Consequentemente, teve pouca influência e atraiu poucos seguidores. O sistema de Walras também exerceu pouca influência nessa época. Mais tarde, como veremos, este sistema foi, infelizmente, revivificado para servir de base às falácias da microeconomia de nossos dias. A concepção e a solução de longe as mais notáveis foram de Carl Menger[1], professor de economia na Universidade de Viena. Foi ele o fundador da "Escola Austríaca".

Seu trabalho pioneiro alcançou plena realização na grande obra sistemática de seu brilhante aluno sucessor na Universidade de Viena, Eugen von Böhm-Bawerk. Foi a monumental obra de Böhm-Bawerk, elaborada em grande parte durante a década de 1880, que, culminando nos vários volumes do livro *Capital and Interest*, constituiu o produto maduro da Escola Austríaca[2]. Outros eminentes e criativos economistas contribuíram para essa mesma escola nas duas últimas décadas do século XIX, mas Böhm-Bawerk sobrepujou todos eles.

Para os dilemas da economia, as soluções "austríacas" ou menger-böhm-bawerkianas foram, em comparação com as dos ricardianos, muito mais abrangentes por terem raízes numa epistemologia

---

[1] Expostas na obra de Carl Menger: *Principles of Economics*, traduzida para o inglês por James Dingwall e Bert F. Hoselitz (Glencoe, Ill.: The Free Press, 1950); reimpresso 2007 (Auburn, Ala.: Ludwig von Mises Institute); original da edição alemã, *Grundsätze der Volkswirtschaftslehre* (1871). Ver também Menger: *Problems of Economics and Sociology*, traduzida por Francis J. Nock (Urbana: University of Illinois Press, 1963); original da edição alemã, *Untersuchungen über die Methode der Socialwissenschaften und der Politischen Oekonomie insbesondere* (1883).

[2] Ver Eugen von Böhm-Bawerk, em três volumes: Capital and Interest: vol. I, *History and Critique of Interest Theories*; vol. II, *Positive Theory of Capital*; vol. III, *Further Essays on Capital and Interest*, trad. George D. Huncke e Hans F. Sennholz (Grove City, Penn.: Libertarian Press, 1959); essa foi a primeira tradução completa para o inglês das terceira e quarta edições em alemão. Título original em alemão para a opus de Böhm-Bawerk: *Kapital und Kapitalzins* (primeira edição do vol. I em 1884 e vol. II em 1889; segunda edição do vol. I em 1900 e vol. II em 1902; terceira e quarta edições completamente revisadas do vol. I em 1914 e parte dos vols. II & III em 1909; restante dos vols. II & III em 1912; quarta e póstuma edição I, II, III em 1921).

diametralmente oposta. Os austríacos centravam indefectivelmente sua análise no *indivíduo*, no agente, na medida em que este faz escolhas no mundo real com base em suas preferências e valores. Tendo partido do indivíduo, puderam fundamentar sua análise da atividade econômica e da produção nos valores e desejos dos *consumidores* individuais. Cada consumidor agiria segundo sua própria escala de preferências e de valores. Esses valores interagiriam e se combinariam para formar as demandas do consumidor, que são a base e o guia da atividade produtiva. Ao fundamentar sua análise no indivíduo que enfrenta o mundo real, os "austríacos" perceberam que a atividade produtiva se baseava em expectativas de satisfazer as demandas dos consumidores.

Por conseguinte, perceberam claramente que nenhuma atividade produtiva, fosse da mão-de-obra, fosse de quaisquer outros fatores produtivos, poderia conferir valor a bens ou serviços. O valor consistia em avaliações subjetivas de consumidores individuais. Em outras palavras: eu poderia gastar trinta anos de trabalho e de outros recursos na fabricação de um triciclo-gigante movido a vapor, contudo, se ao oferecer esse produto, eu não encontrasse consumidores dispostos a comprá-lo, teria que admitir que ele era economicamente desprovido de valor, apesar de todo esforço, aliás mal orientado, que empenhara na fabricação. O valor é determinado pelas avaliações dos consumidores, e os preços relativos dos bens e serviços são determinados pela avaliação que os consumidores fazem destes produtos e pela intensidade de seu desejo de adquiri-los[3].

Focalizando nitidamente o indivíduo, e não "classes" amplas, os "austríacos" puderam resolver com facilidade o "paradoxo do valor" que tanto aturdira os clássicos. No mercado, um indivíduo jamais tem de escolher entre "pão" como classe e "diamantes" como classe. Os "austríacos" mostraram que, quanto maior a quantidade ou quanto maior o número de unidades de um bem que uma pessoa possui, menor é o valor que esta pessoa atribui a cada unidade deste bem. O homem que erra sedento pelo deserto atribuirá um valor ou "utilidade" extremamente elevado a um copo d'água, enquanto que, em Viena ou em Nova York, com água em abundância à sua volta, este mesmo homem atribuirá reduzidíssimo valor ou "utilidade" a esse copo d'água. No deserto, ele pagaria por este copo um preço muitíssimo mais alto do que o que pagaria em Nova York. Em suma, o indivíduo em ação se depara com unidades específicas, ou "margens", que

---

[3] Ver Eugen von Böhm-Bawerk: "The Ultimate Standard of Value" em Shorter Classics of Böhm-Bawerk (Grove City, Penn.: Libertarian Press, 1962).

são a base de sua escolha. A descoberta "austríaca" foi denominada "lei da utilidade marginal decrescente". Assim, o "pão" é tão mais barato que o "diamante" por uma simples razão: o número de pães disponíveis é imensamente superior ao de quilates de diamantes. Em consequência, o valor e o preço de cada pão serão muito inferiores ao valor e ao preço de *cada quilate*. Não há contradição entre "valor de uso" e "valor de troca": em função da abundância de pães disponíveis, um pão é menos "útil" para o indivíduo que um quilate de diamante.

A mesma concentração nas ações dos indivíduos e, portanto, na "análise marginal" solucionou também o problema da "distribuição" da renda no mercado. Os "austríacos" demonstraram que cada unidade de um fator de produção, seja de diferentes tipos de trabalho, de terra, ou de bem de capital é cotada no mercado livre segundo sua "produtividade marginal", em outras palavras, com base em sua contribuição efetiva para o valor do produto final comprado pelos consumidores. Quanto mais alta for a "oferta", ou seja, a quantidade de unidades de um dado fator, menor tende a ser sua produtividade marginal e, consequentemente, seu preço; quanto mais baixa for a sua oferta, mais elevado tenderá a ser seu preço. Assim, os "austríacos" mostraram que não havia nenhum conflito ou luta de classe arbitrária e irracional entre as diferentes classes de fatores; ao contrário, cada tipo de fator contribui harmoniosamente para o produto final, destinado a satisfazer os mais intensos desejos dos consumidores com a máxima eficiência (i.e., com o menor *dispêndio* de recursos). Cada unidade de cada fator ganha, então, seu produto marginal, sua própria contribuição para o resultado produtivo. De fato, se houvesse um conflito de interesses não seria entre tipos de fatores – terra, trabalho, capital –, seria entre fornecedores concorrentes do *mesmo* fator. Se, por exemplo, alguém descobrisse uma nova jazida de cobre, o aumento da oferta provocaria a queda do preço do metal; isto só poderia trazer proveito e maiores ganhos aos consumidores e aos fatores cooperantes do trabalho e do capital. Sairiam perdendo apenas os proprietários de minas já estabelecidos, que veriam a queda do preço de seu produto.

Assim, os "austríacos" mostraram que não há, no mercado livre, qualquer separação entre "produção" e "distribuição". As avaliações e as demandas dos consumidores determinam os preços finais dos bens de consumo – os bens comprados pelos consumidores –, que, por sua vez, orientam a atividade produtiva e determinam sucessivamente os preços das unidades cooperantes de fatores: níveis individuais de salários, aluguéis e preços de bens de capital. A "distribuição de renda" seria simples decorrência do preço de cada fator. Assim, se um quilo de cobre custa 20 centavos de dólar, um proprietário que venda 100.000 quilos desse metal receberá 20.000 dólares como "distribuição". Uma pessoa com o salário de quatro dólares, a hora que trabalhar 40 horas por semana receberá 160 dólares por semana, e assim por diante.

E quanto aos lucros e à questão do "trabalho incorporado"? Fundamentando-se, mais uma vez, na análise de indivíduo, Böhm-Bawerk verificou que, segundo uma lei básica da ação humana, todos querem realizar seus desejos, alcançar suas metas, tão rapidamente quanto possível. Por isso, todos preferirão ter bens e serviços de imediato a esperar algum tempo por eles. Um passarinho na mão será sempre mais valioso que um passarinho pousado no arbusto. É em razão desse fato básico primordial da "preferência temporal" que as pessoas não investem toda a sua renda em bens de capital, de modo a aumentar a quantidade de bens que será produzida no futuro. Estarão primeiramente interessadas em consumir bens no momento. Mas, cada pessoa, em diferentes condições e culturas, tem uma taxa diferente de preferência temporal, ou seja, de preferir ter os bens no momento a tê-los mais tarde. Quanto mais elevada for sua taxa de preferência temporal, maior, será a parte de sua renda que consumirá *no momento;* quanto mais baixa for esta taxa, mais economizará e investirá na produção futura. É exclusivamente o fato da preferência temporal que dá origem ao juro e ao lucro. Por sua vez, o grau e a intensidade das preferências temporais determinam os níveis das taxas de juros e de lucros.

Tomemos, por exemplo, a taxa de juros sobre um empréstimo. Os filósofos escolásticos da Igreja Católica, na Idade Média e no início do período moderno, foram, a seu modo, excelentes economistas e analistas do mercado. No entanto, um ponto que jamais conseguiram explicar ou justificar foi a simples cobrança de juros por um empréstimo. Podiam compreender que se auferissem lucros por investimentos arriscados, mas tinham aprendido de Aristóteles que o dinheiro em si mesmo era estéril e improdutivo. Assim sendo, como justificar o juro sobre um empréstimo, presumindo-se não haver risco de inadimplência? Incapazes de encontrar a resposta, a Igreja e os escolásticos provocaram o descrédito dos homens do mundo ao condenar como "usura" pecaminosa todo juro sobre empréstimo. Foi Böhm-Bawerk quem finalmente encontrou a resposta, justamente com o conceito de preferência temporal. Assim, quando um credor empresta 100 dólares a um devedor em troca do recebimento de 106 dólares dali a um ano, os dois não trocam as mesmas coisas. O credor dá 100 dólares ao devedor na forma de um "bem atual", de dinheiro, que este pode usar a qualquer momento no presente. O devedor, por sua vez, dá em troca ao credor não dinheiro, mas uma nota promissória, vale dizer, a *perspectiva* de receber dinheiro dali a um ano. Em suma, o credor dá ao devedor um "bem atual", e recebe dele apenas um "bem futuro", em dinheiro que só poderá utilizar após um ano de espera. Ora, em virtude do fato universal da preferência temporal, os bens atuais são mais valiosos que os bens futuros, e o credor terá de cobrar ao mesmo tempo que o devedor se disporá a pagar um prêmio pelo bem atual. Esse prêmio é a taxa de juros. Seu valor dependerá das taxas de preferência temporal de todos os participantes do mercado.

Isto não é tudo: Böhm-Bawerk foi adiante, mostrando como é a preferência temporal que, da mesma forma, determina a taxa de lucro empresarial. Ou melhor, mostrou que a taxa "normal" de lucro empresarial é na verdade a taxa de juros. Isto porque, quando se emprega mão-de-obra e terra no processo de produção, surge um fator decisivo: ao contrário do que aconteceria na ausência de empregadores capitalistas, os trabalhadores e agricultores não precisam esperar por seu dinheiro até que o produto seja produzido e vendido aos consumidores. Se não houvesse empregadores capitalistas, eles teriam de mourejar por meses e anos sem paga, até que o produto final – o automóvel, o pão, a máquina de lavar – fosse vendido aos consumidores. Mas os capitalistas prestam o importante serviço de poupar antecipadamente parte de sua renda, remunerando trabalhadores e agricultores *agora*, enquanto trabalham. Prestam assim o serviço de esperar até que o produto final seja vendido aos consumidores para, então, receber seu dinheiro. É em função desse serviço vital que trabalhadores e agricultores estão mais do que dispostos a "pagar" aos capitalistas seu lucro ou juros. Em suma, os capitalistas encontram-se na posição de "credores" que poupam e desembolsam dinheiro atual e aguardam seu eventual retorno. Trabalhadores e agricultores são, num certo sentido, "devedores" cujos serviços só darão frutos no futuro, após determinado prazo. Também neste caso, a taxa normal do lucro empresarial será determinada pelo nível das várias taxas de preferência temporal.

Böhm-Bawerk formulou isto ainda de outra maneira: os bens de capital não são simplesmente "trabalho incorporado"; são *também tempo* (e terra) "incorporado". E é no elemento decisivo do tempo e da preferência temporal que a explicação do lucro e do juro pode ser encontrada. Além disso, ele fez avançar enormemente a análise econômica do capital, uma vez que, em oposição não só aos ricardianos mas à maioria dos economistas de nossos dias, percebeu que o "capital" não é simplesmente um bolo homogêneo[4], ou uma dada quantidade. O capital é

---
[4] Ver Böhm-Bawerk: *Capital and Interest*, vol. II, *Positive Theory of Capital*, pp. 1–118.

uma estrutura, uma intricada rede, que possui uma dimensão temporal. O crescimento econômico e a maior produtividade, por sua vez, não resultam simplesmente de acréscimos à quantidade de capital, mas de acréscimos à sua estrutura temporal para a construção de "processos de produção cada vez mais longos". Quanto mais baixas forem suas taxas de preferência temporal, mais as pessoas se disporão a sacrificar o consumo no momento para poupar e investir nesses processos mais demorados que proporcionarão, em alguma época do futuro, um retorno significativamente maior de bens de consumo.

Capítulo 3
Mises e a Economia Austríaca: A Teoria da Moeda e do Crédito

O jovem Ludwig von Mises ingressou na Universidade de Viena em 1900, doutorando-se em Direito e Economia em 1906. Logo se firmou como um dos mais brilhantes alunos do seminário, ainda em curso, de Eugen Böhm-Bawerk. Mas, imbuído da abordagem austríaca, Mises chegou à conclusão de que Böhm-Bawerk e seus predecessores não tinham avançado o suficiente: não tinham levado sua análise tão longe quanto era possível, e, em consequência, restavam ainda importantes lacunas na teoria econômica da Escola Austríaca. É o que ocorre, é claro, em toda disciplina científica: os avanços se fazem na medida em que alunos e discípulos se erguem sobre os ombros de seus grandes mestres. Com demasiada frequência, no entanto, os mestres ou se recusam a reconhecer o valor dos avanços realizados por seus sucessores, ou, simplesmente, não chegam a vê-los.

A mais importante lacuna detectada por Mises foi a análise da *moeda*. É verdade que os "austríacos" tinham conseguido analisar os preços relativos, tanto os dos bens de consumo como os de todos os fatores de produção. Mas, desde o tempo dos economistas clássicos, a moeda sempre ocupara um compartimento à parte, não sujeito à mesma análise aplicada ao restante do sistema econômico. Tanto os fundadores da Escola Austríaca quanto os demais neoclássicos da Europa e dos Estados Unidos, aceitavam essa separação. Assim a análise da moeda e do "nível de preço" foi ficando cada vez mais dissociada da análise do restante da economia de mercado. Colhemos agora os deploráveis frutos desta nefasta dissociação na separação que hoje se faz entre a "micro" e a "macro" economia. A "microeconomia" fundamenta-se, pelo menos a grosso modo, nas ações dos consumidores e produtores individuais; mas quando os economistas passam à análise da moeda, vemo-nos subitamente lançados no irrealismo de agregados totais: de moeda, de "níveis de preço", de "produto nacional" e de gastos públicos. Sem uma base concreta na ação individual, a "macroeconomia" saltou de um conjunto de falácias para outro. Na época de Mises, as duas primeiras décadas do século XX, essa separação equivocada já se vinha sedimentando rapidamente na obra do norte-americano Irving Fisher, que, além de elaborar complicadas teorias sobre "níveis de preço" e "velocidades" – teorias estas sem nenhum embasamento na ação individual –, não fez qualquer esforço para integrá-las ao corpo lógico da análise "micro" neoclássica.

Ludwig von Mises se dispôs a eliminar essa dissociação e a fundamentar a economia da moeda e de seu poder de compra (erroneamente denominado "o nível de preço") na análise austríaca do indivíduo e da economia de mercado: pretendia chegar a uma ciência econômica ampla e integrada, capaz de explicar todas as partes do sistema econômico. Mises realizou essa monumental tarefa em sua primeira grande obra: *The Theory of Money and Credit* (1912)[5], um fascinante feito de perspicácia criativa, digno do próprio Böhm-Bawerk. Finalmente a ciência econômica tornava-se um todo, um corpo integrado de análise, fundado na ação individual; não mais precisaria haver qualquer dissociação entre moeda e preços relativos, entre micro e macro. A mecanicista concepção de Fisher de relações automáticas entre a quantidade de moeda e o nível de preço, de "velocidades de circulação" e "equações de troca" foi explicitamente demolida por Mises em nome de uma aplicação integrada da teoria da utilidade marginal à oferta e à demanda da própria moeda.

Especificamente, Mises mostrou que, se o preço de qualquer outro bem é determinado por sua quantidade disponível e pela intensidade com que os consumidores o demandam com base na utilidade marginal deste bem para eles, também o "preço" ou poder de compra da unidade monetária é determinado no mercado de maneira idêntica. No caso do dinheiro, sua demanda se dá no sentido de conservar o próprio saldo em caixa – no bolso ou no banco – para gastá-lo mais cedo ou mais tarde em bens e serviços úteis. A utilidade marginal da unidade monetária – o dólar, o franco ou a onça de ouro – determina a intensidade da demanda de saldos em caixa. Por sua vez, a interação da quantidade disponível de moeda com a demanda da mesma determina o "preço" do dólar (i.e., que quantidade de outros bens ele pode comprar). Mises, embora aceitasse a "teoria da quantidade" clássica, segundo a qual um aumento da oferta de dólares ou de onças de ouro acarretará uma queda de seu valor ou "preço" (i.e., uma elevação dos preços dos demais bens e serviços), burilou consideravelmente essa tosca abordagem e integrou-a à análise econômica geral. Entre outras coisas, mostrou que esse movimento dificilmente seria proporcional: um aumento da oferta de moeda tenderá a rebaixar seu valor, mas a intensidade e até mesmo a simples ocorrência deste efeito dependem

---

[5] Traduzida por H.E. Batson em 1934; reimpressa com "Monetary Reconstruction" (New Haven, Conn.: Yale University Press, 1953). Reimpressa pela Foundation for Economic Education, 1971; reimpressa com introdução de Murray N. Rothbard, Liberty Press/Liberty Classics, 1989.

do que acontece à utilidade marginal da moeda e, por conseguinte, dependem da demanda de dinheiro por parte da população para conservar seus saldos em caixa. Além disso, Mises mostrou que a "quantidade de moeda" não aumenta como um todo indiferenciado: o aumento é injetado num ponto do sistema econômico e os preços só subirão à medida que o novo dinheiro se dissemina, em círculos cada vez mais amplos, pela economia. Se o governo emite novo dinheiro e o gasta, digamos, em clipes para papel, *não* se verifica um simples aumento do "nível de preço", como diriam os economistas não pertencentes à Escola Austríaca. Na realidade, em primeiro lugar, aumentarão as rendas dos produtores, depois, subirão os preços dos clipes, logo em seguida os preços dos fornecedores da indústria de clipes, e assim por diante. Assim, um aumento da oferta de moeda, que altera os preços relativos, pelo menos temporariamente, pode também redundar numa alteração permanente de rendas relativas.

Mises conseguiu também demonstrar que um dos primeiros achados de Ricardo e de seus primeiros discípulos, por muito tempo esquecido, era absolutamente correto: afora os usos industrial e de consumo do ouro, um aumento da oferta de moeda não proporciona benefício social de espécie alguma, Isto porque, ao contrário do que acontece com fatores de produção como a terra, o trabalho e o capital, cujo aumento ocasionaria uma maior produção e uma elevação do padrão de vida, um aumento da oferta de moeda pode apenas reduzir seu próprio poder de compra, sem que aumente a produção. Se todos tivessem o dinheiro que possuem no bolso ou na conta bancária magicamente triplicado do dia para a noite, a sociedade nada ganharia com isso. Mises mostrou, contudo, que o grande atrativo da "inflação" (um aumento da quantidade de moeda) é *precisamente* que nem todos se apossam do novo dinheiro ao mesmo tempo e no mesmo grau; ao contrário, o governo, seus fornecedores favoritos e os beneficiários de seus subsídios são os primeiros a receber o novo dinheiro. Estes têm sua renda acrescida antes que muitos preços subam, ao passo que os desafortunados membros da sociedade, que recebem o novo dinheiro por último ou que, na condição de pensionistas, não o recebem de maneira alguma, saem perdendo, porque os preços dos artigos que compram sobem antes que recebam um maior rendimento. Em suma, o atrativo da inflação está em permitir que o governo e outros grupos na economia se beneficiem, silenciosa e efetivamente, às custas de grupos da população desprovidos de poder político.

A inflação – a expansão da oferta de moeda – é, conforme Mises o demonstrou, um processo de tributação e de redistribuição de riqueza. Numa economia de mercado livre em desenvolvimento, não tolhida por aumentos da oferta de moeda induzidos pelo governo, os preços tenderão geralmente a *cair* à medida que a oferta de bens e serviços se expande. E, na verdade, baixas de preços e de custos constituíram o traço distintivo da expansão industrial ao longo de quase todo o século XIX.

Ao aplicar a utilidade marginal à moeda, Mises teve de superar o problema que os economistas em sua maioria consideravam insolúvel: o chamado "círculo austríaco". Os economistas compreendiam que os preços dos ovos, dos cavalos ou do pão podiam ser determinados pela utilidade marginal de cada um desses itens. No entanto, à diferença desses bens – demandados *para serem consumidos* –, o dinheiro é demandado e conservado em saldos de caixa para ser despendido em bens. Assim, pois, ninguém pode demandar dinheiro (e ter uma utilidade marginal para ele) a menos que o mesmo *já* exista, determinando um preço e um poder de compra no mercado. Mas, nesse caso, como explicar satisfatoriamente o preço do dinheiro com base em sua utilidade marginal, se ele precisa ter um preço preexistente para ser demandado?

Com seu "teorema da regressão" Mises superou o "círculo austríaco", numa de suas mais importantes realizações teóricas: mostrou que, de maneira lógica, pode-se fazer retroceder esse componente temporal da demanda de dinheiro até aquele dia remoto em que a mercadoria-moeda não era dinheiro, sendo antes, por direito próprio, uma mercadoria útil de escambo: em suma, pode-se fazê-lo retroceder até o dia em que a mercadoria-moeda (p. ex., ouro ou prata) era demandada exclusivamente por suas qualidades enquanto mercadoria consumível e diretamente utilizável. Mas Mises não apenas completou assim a explicação lógica do preço ou do poder de compra do dinheiro. Sua descoberta teve outras importantes implicações: mostrou que a moeda só poderia ter uma forma de origem: no mercado livre e a partir da demanda direta, nesse mercado, de uma mercadoria útil. E isso significa que a moeda *não podia se ter originado* nem por um decreto governamental que convertesse algo em moeda, nem por alguma espécie de contrato social único: ela só poderia ter-se desenvolvido a partir de uma mercadoria útil e valiosa para todos. Carl Menger já demonstrara antes que a moeda provavelmente surgira desse modo, mas foi Mises quem provou que a moeda só poderia ter surgido no mercado.

Mas isso tinha ainda outras implicações: significava, em oposição às concepções da maioria dos economistas de então e de hoje, que a "moeda" não é simplesmente unidades ou pedaços de papel arbitrário tal como definidos pelo governo: "dólares", "libras", "francos" etc.

Ela originou-se *necessariamente* como mercadoria útil: como ouro, prata, ou qualquer outra coisa. A unidade monetária original, a unidade de cálculo e de câmbio, não foi o "franco" ou o "marco", mas a grama de ouro ou a onça de prata. A unidade monetária é, essencialmente, uma unidade de peso de determinada mercadoria com um valor específico produzido no mercado. Não é de espantar, de fato, que todos os nomes hoje dados ao dinheiro – dólar, libra, franco e assim por diante – tenham sido antes designações de unidades de peso do ouro ou da prata. Mesmo no caos monetário de nossos dias, as leis dos EUA continuam a definir o dólar como uma trigésima - quinta parte (atualmente uma quadragésima - segunda) de uma onça de ouro.

Essa análise, combinada à demonstração feita por Mises dos implacáveis males sociais que decorrem do aumento da oferta, por parte do governo, de "dólares" e de "francos" arbitrariamente produzidos, indica o caminho da total separação entre governo e sistema monetário. Isto porque significa que a essência da moeda é um peso de ouro ou prata, sendo perfeitamente possível retornar a um mundo em que esses pesos voltariam a ser a unidade de cálculo e o meio das trocas monetárias. Um padrão-ouro, longe de representar um fetiche bárbaro ou mais um artifício do governo, é considerado capaz de fornecer uma moeda produzida exclusivamente no mercado e não sujeita às tendências redistributivas e inflacionárias próprias do governo coercitivo. Uma moeda sólida, não governamental, equivaleria a um mundo em que preços e custos voltariam a cair, em resposta a aumentos da produtividade.

Estes, no entanto, estão longe de ser os únicos grandes feitos da monumental obra de Mises, *The Theory of Money and Credit*. Ele revela, também, o papel das transações bancárias na oferta de moeda, mostrando que a atividade bancária livre, isenta do controle e do comando do governo, não redundaria em expansão desenfreadamente inflacionária da moeda – os bancos é que seriam compelidos, por demandas de pagamento, a uma política segura e não inflacionária de "moeda forte". Segundo a maioria dos economistas, a centralização da atividade bancária (ou seja, o controle das atividades bancárias por um banco governamental, tal como ocorre no Sistema de Reserva Federal – *Federal Reserve System* –, dos EUA) é necessária para que o governo possa restringir as tendências inflacionárias dos bancos privados. Mas Mises demonstrou que o papel dos bancos centrais foi exatamente o oposto: o de eximir os bancos das rigorosas restrições impostas pelo mercado livre às suas transações, estimulando-os e impelindo-os à expansão inflacionária de seus empréstimos e depósitos. A centralização da atividade bancária, como o sabiam perfeitamente seus primeiros proponentes, é, e sempre foi, um expediente inflacionário destinado a livrar os bancos das restrições do mercado.

Outra importante realização de *The Theory of Money and Credit* foi erradicar algumas anomalias que, não tendo base na análise da ação individual, prejudicavam o conceito "austríaco" da utilidade marginal. Em contradição com sua própria metodologia básica –tomar por base as ações reais dos indivíduos – os "austríacos" tinham aceitado as versões da utilidade marginal propostas por Jevons e por Walras, os quais haviam procurado transformá-la numa quantidade matemática mensurável. Até hoje, todo manual de economia explica a utilidade marginal com base em *"utils"* – unidades supostamente suscetíveis de adição, multiplicação e outras operações matemáticas. E, se um estudante percebesse que não há muito sentido na frase: "atribuo um valor de 4 *utils* a este quilo de manteiga", estaria coberto de razão. Baseado em ideias de um colega, o tcheco Franz Cuhel, no seminário conduzido por Böhm-Bawerk, Mises refutou cabalmente a ideia de que a utilidade marginal fosse, de algum modo mensurável, mostrando tratar-se de uma hierarquização estritamente ordinal, em que o indivíduo arrola seus valores por categorias de preferência (prefiro A a B, e B a C), sem pressupor qualquer unidade mitológica ou quantidade de utilidade. Se já é absurdo dizer que um indivíduo pode "medir sua própria utilidade", mais absurdo será tentar comparar utilidades entre pessoas de uma sociedade. Contudo, ao longo de todo este século estatistas e igualitários têm tentado utilizar desse modo a teoria da utilidade. Se é lícito dizer que a utilidade marginal de um dólar para cada pessoa reduz-se à medida que ela acumula mais dinheiro, por que não se poderia dizer também que o governo pode aumentar a "utilidade social" subtraindo um dólar de um homem rico, que lhe atribui pouco valor, e dando-o a um pobre, que muito o valorizaria? A demonstração de Mises de que as utilidades não são mensuráveis elimina por completo o uso da utilidade marginal como argumento em prol da adoção de políticas igualitárias pelo estado. Não obstante, embora pretextando aceitar a ideia de que a utilidade não pode ser comparada entre indivíduos, os economistas ousam prosseguir, tentando comparar e somar "benefícios sociais" e "custos sociais".

CAPÍTULO 4
MISES E O CICLO ECONÔMICO

Em *The Theory of Money and Credit*, já estavam presentes pelo menos os rudimentos de outro magnífico feito de Ludwig von Mises: a explicação, há tanto tempo buscada, do misterioso e inquietante fenômeno do ciclo econômico. Desde a expansão da indústria e da economia de mercado no final do século XVIII, observara-se que esta última está sujeita a uma série aparentemente infindável de períodos de prosperidade e de depressão, a expansões que por vezes crescem progressivamente rumo a uma inflação desenfreada ou a graves pânicos e depressões. Os economistas propuseram muitas explicações, mas mesmo a melhor delas apresentava uma falha básica: não procurava integrar a explicação do ciclo econômico à análise geral do sistema econômico, à teoria "micro" dos preços e da produção. De fato era difícil fazê-lo, visto que, segundo a análise econômica geral, a economia de mercado tende ao "equilíbrio", com pleno emprego, com o mínimo de erros de previsão etc. Por que, então, sucessão contínua de períodos de prosperidade e de depressão?

Ludwig von Mises percebeu que, como a economia de mercado não podia gerar, por si mesma, um ciclo ininterrupto de períodos de prosperidade e de depressão, a explicação deveria estar fora do mercado: em alguma intervenção externa. Montou sua notável teoria do ciclo econômico com base em três elementos até então desconexos. Um deles foi a demonstração ricardiana do modo como governo e sistema bancário usualmente expandem a moeda e o crédito, impelindo os preços para cima (a prosperidade) e provocando uma evasão do ouro, com a subsequente contração da moeda e dos preços (a depressão). Mises se deu conta de que a abordagem de Ricardo, embora constituísse um excelente modelo preliminar, não explicava de que modo o sistema de produção era profundamente afetado pela rápida expansão econômica, ou por que a depressão era inevitável nesse caso. Outro elemento foi a análise böhm-bawerkiana do capital e da estrutura da produção. O terceiro foi a explanação do "austríaco" sueco Knut Wicksell sobre a importância que tinha para o sistema produtivo e para os preços uma defasagem entre a taxa de juros "natural" (a que não sofre a interferência da expansão do crédito bancário) e a taxa que é efetivamente afetada por empréstimos bancários.

Fundamentado nessas três teorias, importantes mas dispersas, Mises elaborou sua brilhante teoria do ciclo econômico. Ao funcionamento harmonioso e fluente da economia de mercado, juntou-se a expansão do crédito e da moeda bancária, incentivada e promovida pelo governo e seu banco central. Os bancos, à medida que expandem a oferta de moeda (em papel-moeda ou em depósitos) e emprestam o novo dinheiro às empresas, empurram a taxa de juros para um nível inferior ao da taxa "natural" de preferência temporal, ou seja, ao da taxa do mercado livre que reflete as proporções voluntárias entre consumo e investimento por parte da população. Quando a taxa de juros é artificialmente rebaixada, o empresariado recorre ao novo dinheiro e expande a estrutura de produção, promovendo um aumento do investimento de capital, sobretudo nos processos de produção "remotos": projetos a longo prazo, maquinarias, matérias-primas industriais e assim por diante. O novo dinheiro é utilizado para elevar salários e outros custos e para transferir recursos para essas ordens de investimento "remotas" ou "superiores". Assim, quando recebem o novo dinheiro, os trabalhadores e demais participantes da produção, cujas taxas de preferência temporal permaneceram inalteradas, gastam-no nas proporções anteriores. Mas isso implica que a população não economizará o bastante para adquirir os investimentos da nova "ordem superior", tornando-se o colapso desses negócios e investimentos inevitável. A recessão, ou depressão, é, portanto, encarada como um reajustamento inevitável do sistema de produção, mediante o qual o mercado procede à liquidação dos superinvestimentos irrealistas da repentina alta inflacionária e retorna à proporção de consumo/investimento preferida pelos consumidores.

Desse modo, Mises integrou, pela primeira vez, a explicação do ciclo econômico à análise microeconômica geral. A expansão inflacionária da moeda pelo sistema bancário submetido à direção governamental provoca superinvestimento nas indústrias de bens de capital e subinvestimento em bens de consumo, sendo a "recessão", ou "depressão", o processo necessário pelo qual o mercado liquida as distorções do período de expansão rápida e retorna ao sistema de produção do mercado livre, organizado para atender os consumidores. A recuperação é alcançada quando esse processo de ajustamento se completa. No tocante à política governamental, as conclusões acarretadas pela teoria misesiana são diametralmente opostas às que estão hoje em voga, sejam "keynesianas" ou "pós-keynesianas". Para o caso de o governo e seu sistema bancário estarem inflacionando o crédito, Mises propõe a seguinte receita: (a) *parar* imediatamente de inflacionar, e (b) *não* interferir no processo recessivo de ajustamento, não apoiar falsos padrões salariais, preços, consumo ou investimentos, de modo a permitir que o necessário processo de liquidação faça seu trabalho tão rápida e suavemente quanto possível. Caso a economia já esteja em recessão, a receita é a mesma.

Capítulo 5
Mises no Período Entre Guerras

Com *The Theory of Money and Credit* o jovem Ludwig von Mises passou às linhas de frente dos economistas europeus. Em 1913, ano seguinte ao da publicação do livro, ele se tornou professor de economia na Universidade de Viena e, ao longo da década de 1920 e no início da de 1930, seu seminário em Viena converteu-se num farol para jovens e talentosos economistas de toda a Europa. Em 1928, publicou a versão ampliada de sua teoria do ciclo econômico, na obra *Geldwertstabilisierung und Konjunkturpolitik*[6]. Em 1926, fundou o prestigioso Instituto Austríaco para a Pesquisa dos Ciclos Econômicos.

No entanto, a despeito da fama granjeada pelo livro e por seu seminário na Universidade de Viena, as notáveis realizações de Mises, principalmente em *The Theory of Money and Credit*, nunca foram realmente reconhecidas ou aceitas pelos economistas. Essa rejeição foi simbolizada no fato de que, em Viena, Mises foi sempre um *Privatdozent*, ou seja, ocupava na Universidade um posto conceituado, mas não remunerado[7]. Obtinha seus ganhos como consultor econômico da Câmara de Comércio Austríaca, posição que conservou de 1909 até 1934, quando deixou a Áustria. As razões do descaso geral por suas contribuições eram agravadas por problemas de tradução, e, mais profundamente, pelo rumo que adotaram os economistas após a Primeira Guerra Mundial. No mundo acadêmico insular da Inglaterra e no dos Estados Unidos, nenhum trabalho não traduzido para o inglês consegue causar qualquer impacto, e, lamentavelmente, *The Theory of Money and Credit* só foi publicado em inglês em 1934, tarde demais, como veremos, para conquistar a merecida posição. A Alemanha nunca tivera uma tradição de economia neoclássica. No que diz respeito à própria Áustria, a Escola Austríaca entrara num pronunciado declínio, simbolizado pelas mortes de Böhm-Bawerk, em 1914, e do já inativo Menger, pouco depois da guerra.

Os böhm-bawerkianos ortodoxos opuseram forte resistência aos avanços de Mises e à incorporação por ele efetuada da moeda e do

---

[6] Traduzida para o inglês como *"Monetary Stabilization and Cyclical Policy"* por Bettina B. Greaves e incluída em Ludwig von Mises, *On the Manipulation of Money and Credit*, Percy L. Greaves, Jr., ed. (Dobbs Ferry, N.Y.: Free Market Books, 1978). Reimpressa em Ludwig von Mises, *The Causes of the Economic Crisis: And Other Essays Before and Afterthe Great Depression* (Auburn, Ala.: Ludwig von Mises Institute, 2006).

[7] Estudantes pagavam uma pequena quantia a Mises para frequentar seu seminário.

ciclo econômico à análise "austríaca". Mises viu-se, então, ante a necessidade de criar, em novos moldes, sua própria escola "neo-austríaca" de alunos e seguidores. A língua não foi seu único problema na Inglaterra e nos Estados Unidos. Sob a influência embotadora e dominadora do neo-ricardiano Alfred Marshall, a Inglaterra nunca fora receptiva ao pensamento "austríaco". Nos Estados Unidos, onde o pensamento "austríaco" tivera maior influência, os anos subsequentes à Primeira Guerra Mundial assistiram a um nefasto declínio do nível da teorização econômica. Os dois mais destacados economistas "austríacos" nos Estados Unidos, Herbert J. Davenport, da Universidade Cornell, e Frank A. Fetter, da Universidade de Princeton, tinham, ambos, deixado de contribuir para a teoria econômica à época da Primeira Guerra Mundial. Nesse vácuo teórico da década de 1920, introduziram-se dois economistas mal fundamentados e decididamente não "austríacos", ambos corresponsáveis pela formação da "Escola de Chicago": Irving Fisher, da Universidade de Yale, que propunha uma teoria mecanicista da quantidade e enfatizava a conveniência da manipulação da moeda e do crédito pelo governo para se elevar e estabilizar o nível de preços; e Frank Knight, da Universidade de Chicago, com sua insistência na vantagem do irrealismo da "concorrência perfeita" e sua negação da importância do tempo na análise do capital ou da preferência temporal na determinação da taxa de juros.

Além disso, o mundo econômico, tanto quanto o mundo da ciência econômica, vinha-se tornando cada vez menos receptivo ao ponto de vista misesiano. Mises escreveu a importante obra *The Theory of Money and Credit* ao apagar das luzes do mundo de relativo *laissez-faire* e do padrão-ouro, que prevalecera até a Primeira Guerra Mundial. Logo depois, a guerra introduziria os sistemas econômicos a que hoje estamos tão afeitos: um mundo de estatismo, planejamento governamental, intervenção, papel-moeda sem lastro emitido pelo governo, inflação e hiperinflação, colapso do meio circulante, tarifas e controle cambiais.

Ludwig von Mises respondeu ao obscurecimento do mundo econômico à sua volta com uma vida de grande coragem e integridade pessoal. Jamais se curvaria a tendências de mudança que percebia serem desastrosas e estarem fadadas ao fracasso. Nenhuma alteração, fosse de economia política, fosse da ciência econômica, seria capaz de fazê-lo desviar-se um milímetro sequer da busca e da apresentação da verdade tal como a via. Numa homenagem, o economista francês Jacques Rueff, notável defensor do padrão-ouro, fala de sua "intransigência" e escreve, com razão:

Com infatigável entusiasmo e com coragem e fé inquebrantáveis, ele (Mises) jamais cessou de denunciar as razões falaciosas e as inverdades apresentadas para justificar a grande parte de nossas novas instituições. Demonstrou – no sentido mais literal da palavra – que essas instituições, ao mesmo tempo em que proclamavam contribuir para o bem-estar humano, eram fontes imediatas de miséria e sofrimento, e, em última análise, causas de conflitos, guerras e escravização.

Nenhuma consideração conseguia afastá-lo, por pouco que fosse, da trilha direta e íngreme em que sua razão imparcial o guiava. Em meio ao irracionalismo de nosso tempo ele permaneceu uma pessoa de pura razão.

Os que o ouviram ficaram muitas vezes perplexos ao se verem conduzidos, pelo poder convincente de seu raciocínio, a lugares a que, por um temor muito humano, jamais tinham ousado ir[8].

---

[8] Jacques Rueff, "The Intransigence of Ludwig von Mises," em Mary Sennholz, ed. *On Freedom and Free Enterprise: Essays in Honor of Ludwig von Mises* (Princeton, N.J.: D. Van Nostrand, 1956), pp. 15–16.

CAPÍTULO 6
O SOCIALISMO E O CÁLCULO ECONÔMICO

A economia "austríaca" sempre fora implicitamente favorável a uma política de mercado livre, mas, no mundo tranquilo e relativamente livre do final do século XIX, os "austríacos" jamais se tinham dado ao trabalho de formular uma análise explícita da liberdade ou da intervenção governamental. Num ambiente de estatismo e socialismo crescente, Ludwig von Mises, enquanto continuava a desenvolver sua teoria do ciclo econômico, voltou sua penetrante atenção para a análise da economia da intervenção e do planejamento governamentais. Um artigo que publicou num jornal em 1920, "*Economic Calculation in the Socialist Commonwealth*"[9], teve o efeito de uma bomba: era a primeira demonstração de que o socialismo era um sistema inviável para uma economia industrial. Mises provou que uma economia socialista, inteiramente desprovida de um sistema de preços de mercado livre, não teria como calcular custos racionalmente ou conjuminar eficientemente os fatores de produção com suas funções mais necessárias. Embora também só traduzida para o inglês em meados da década de 1930, essa demonstração teve enorme impacto sobre os socialistas europeus, que, durante décadas, empenharam-se em refutá-la, contrapondo-lhe modelos exequíveis de planejamento socialista. Mises reuniu suas descobertas numa crítica abrangente do socialismo, *Socialism* (1922)[10]. Quando suas devastadoras críticas ao socialismo foram finalmente traduzidas, o meio da ciência econômica norte-americana foi informado de que o socialista polonês Oskar Lange tinha "refutado" Mises; e assim os socialistas continuaram sem se dar ao trabalho de ler a contribuição do próprio Mises. Os malogros crescentes e confessados do planejamento econômico comunista na Rússia e na Europa Oriental – economias em processo de industrialização crescente – após a Segunda Guerra Mundial constituíram uma dramática confirmação das previsões de Mises, ainda que sua própria demonstração permaneça convenientemente esquecida.

---

[9] "Die Wirtschaftsrechnung im sozialistischen Gemeinwesen," em *Archiv für Sozialwissenschaften 47* (1920): 86–121. Tradução para o inglês por S. Adler e incluído em F.A. Hayek, ed., *Collectivist Economic Planning: Critical Studies of the Possibilities of Socialism* (London: G. Routledge & Sons, 1935). O título em português é "O Cálculo Econômico na Comunidade Socialista".

[10] Ludwig von Mises, *Socialism: An Economic and Sociological Analysis* (Indianapolis: Liberty Press/Liberty Classics, 1981). Edições em alemão, 1922, 1932. Tradução para o inglês por J. Kahane, 1936; acrescido de epílogo, *Planned Chaos*, 1951; Jonathan Cape, 1969.

Se o socialismo não pode funcionar, então tampouco podem ter eficácia os atos específicos de intervenção governamental no mercado, batizados por Mises de "intervencionismo". Ao longo da década de 1920, Mises criticou e demoliu grande número de medidas econômicas estatistas numa série de artigos que reuniu em *Kritik des Interventionismus* (1929)[11]. Se nem o socialismo nem a intervenção eram viáveis, restava-nos então o liberalismo do *laissez-faire*, ou economia de mercado livre. Mises, então, o expôs minuciosamente em sua análise dos méritos do liberalismo clássico, a notável obra *Liberalismus* (1927)[12], em que revelou a íntima relação existente entre a paz internacional, as liberdades civis e a economia de mercado livre.

---

[11] Ludwig von Mises, *A Critique of Interventionism*, traduzido por Hans F. Sennholz (New Rochelle, N.Y.: Arlington House, 1977); reimpresso em 1996 por Ludwig von Mises Institute. Edição original em alemão de 1976 por Wissenschaftliche Buchgesellschaft (Darmstadt, Germany), com prefácio de F.A. Hayek.

[12] *Liberalism: A Socio-Economic Exposition*, tradução de Ralph Raico, Arthur Goddard, Ludwig von Mises, ed. (Kansas City: Sheed Andrews and McMeel, 1978); edição de 1962, *The Free and Prosperous Commonwealth* (Princeton, N.J.: D. Van Nostrand).

Capítulo 7
Mises e a Metodologia da Ciência Econômica

A década de 1920 assistiu, assim, à conversão de Ludwig von Mises em eminente crítico do estatismo e do socialismo e em paladino do *laissez-faire* e da economia de mercado livre. Mas isso ainda não era o bastante para sua mente extraordinariamente criativa e fecunda. Ele se dera conta de que a própria teoria econômica, mesmo sob sua forma "austríaca", não tinha sido inteiramente sistematizada nem tinha formulado por completo os próprios fundamentos metodológicos. E, mais ainda, percebeu que a ciência econômica vinha-se rendendo, cada vez mais, aos encantos de metodologias novas e infundadas: especialmente a do "institucionalismo" que basicamente negava toda a ciência econômica e a do "positivismo", que, cada vez mais, de maneira enganosa, procurava fundamentar a teoria econômica nas mesmas bases das ciências físicas. Os economistas clássicos e os primeiros "austríacos" tinham erguido a ciência econômica com base numa metodologia apropriada; mas suas descobertas específicas no plano metodológico tinham sido frequentemente fortuitas e esporádicas, não tendo, portanto, constituído uma metodologia suficientemente explícita ou consciente para resistir às novas investidas do positivismo ou do institucionalismo.

Mises passou a trabalhar na criação de uma base filosófica e de uma metodologia para a ciência econômica, completando e sistematizando os métodos da Escola Austríaca. Estes foram expostos primeiramente em *Grundprobleme der Nationalökonomie* (1933), traduzido para o inglês muito mais tarde, em 1960, sob o título *Epistemological Problems of Economics*[13]. Após a Segunda Guerra Mundial, quando o institucionalismo se extinguira, e o positivismo, lamentavelmente, dominara por completo os economistas, Mises continuou a desenvolver sua metodologia e refutou o positivismo em *Theory and History*[14], de 1957, e em *The Ultimate Foundation of Economic Science*, de 1962[15].

---

[13] Título original em alemão *Grundprobleme der Nationalökonomie*. Traduzido para o inglês por George Reisman como *Epistemological Problems of Economics* (Princeton, N.J.: D. Van Nostrand, 1960); reimpresso em 2003 (Auburn, Ala.: Ludwig von Mises Institute).

[14] 1957, 1969, 1976; New Rochelle, N.Y.: Arlington House, 1978; reimpresso em 1985 e 2007 (Auburn, Ala.: Ludwig von Mises Institute).

[15] Princeton, N.J.: D. Van Nostrand, 1962; segunda edição de 1978 (Kansas City: Sheed Andrews and McMeel).

Mises combateu particularmente o método positivista, que vê os homens à maneira da física, como pedras ou átomos. Para o positivista, a função da teoria econômica é observar regularidades quantitativas, estatísticas, do comportamento humano, para depois conceber leis que poderiam então ser utilizadas para "prever" outras evidências estatísticas e ser por estas "testadas". É óbvio que o método positivista se ajusta singularmente à ideia de economias dirigidas e planejadas por "engenheiros sociais", que tratam homens como objetos físicos inanimados. Como disse Mises em seu prefácio a *Epistemological Problems*, essa abordagem "científica":

> Estuda o comportamento de seres humanos com os mesmos métodos a que recorre à física newtoniana para estudar a massa e o movimento. Com base nessa abordagem pretensamente "positiva" dos problemas da humanidade, planejam criar uma "engenharia social", urna nova técnica que permitiria ao "czar econômico" da sociedade planejada do futuro manejar homens vivos do mesmo modo que faz a tecnologia, que permite ao engenheiro manejar matérias inanimadas.

Em contraposição a esta metodologia, Mises desenvolveu a sua, a que chamou de "praxeologia" – ou teoria geral da ação humana – a partir de duas fontes: a análise dedutiva, lógica e baseada no indivíduo, dos economistas clássicos e austríacos; e a filosofia da história da "Escola Alemã do Sudoeste" da virada do século XX, especialmente, tal corno representada por Rickert, Dilthey, Windelband e por Max Weber, grande amigo de Mises. A praxeologia misesiana fundamenta-se essencialmente no *homem em ação*: no ser humano concebido não como urna pedra ou um átomo que se "move" segundo leis físicas quantitativamente determinadas, mas corno possuidor de propósitos, metas ou fins próprios que procura alcançar, bem como de ideias sobre como fazê-lo. Em suma, Mises afirma, em contraposição aos positivistas, o fato básico da consciência humana da mente do homem, que estabelece metas e busca alcançá-las através da ação. A existência dessa ação é revelada tanto pela introspecção quanto pela observação dos seres humanos em suas atividades. Uma vez que os homens usam seu livre arbítrio para agir no mundo, o comportamento resultante jamais poderá ser codificado em "leis" históricas quantitativas. É, portanto, inútil e enganosa a tentativa dos economistas de chegar a leis estatísticas e correlações previsíveis para a atividade humana. Cada evento, cada ato na história humana é diverso e único, resultando da livre ação e interação das pessoas. Não pode haver, portanto, quaisquer previsões ou "testes" estatísticos de teoria econômicas.

Se a praxeologia mostra que as ações humanas não podem ser encaixadas nos escaninhos das leis quantitativas, como pode haver então uma ciência econômica? Mises responde que a ciência econômica, enquanto ciência da ação humana, deve ser e é, de fato, muito diferente do modelo positivista da física. Pois, como mostraram os economistas clássicos e "austríacos", a economia pode basear-se de início num número bastante reduzido de axiomas evidentes e de validade geral, alcançáveis por meio da introspecção da própria natureza e essência da ação humana. Tendo-os alcançado, podemos derivar suas implicações lógicas como as verdades da ciência econômica. Por exemplo, o axioma fundamental da existência da própria ação humana: os indivíduos têm metas e agem para alcançá-las, agem necessariamente ao longo do tempo, adotam escalas ordinais de preferência, e assim por diante.

Embora só traduzidas muito depois da Segunda Guerra Mundial, as ideias de Mises sobre metodologia foram introduzidas no mundo de língua inglesa, sob forma muito diluída, por seu aluno e então seguidor, o jovem economista inglês Lionel Robbins. Seu *Essay of the Nature and Significance of Economic Science*[16] de 1932, em que o autor reconhece sua "dívida especial" para com von Mises, foi, por muitos anos, reputado na Inglaterra e nos EUA o mais importante trabalho sobre a metodologia da ciência econômica. Mas, enfatizando o estudo da destinação de recursos escassos para fins alternativos como essência da ciência econômica, Robbins propunha uma forma demasiado simplificada e edulcorada da "praxeologia". Faltava-lhe toda a profunda penetração de Mises na natureza do método dedutivo e nas diferenças entre a teoria econômica e a natureza da história humana. Em consequência – e permanecendo não traduzido o trabalho do próprio Mises nesse campo –, a obra de Robbins não foi suficiente para fazer frente à maré montante do positivismo.

---

[16] London: Macmillan, 1932.

Capítulo 8
Ação Humana

Uma coisa era formular a metodologia apropriada para a ciência econômica, outra bem diversa, e muito mais difícil, era erguer efetivamente a economia, todo o corpo da análise econômica, sobre esta base, usando tal método. Normalmente se consideraria impossível que um só homem pudesse levar a cabo as duas empreitadas: formular a metodologia e em seguida elaborar todo o sistema completo da economia sobre estes fundamentos. Mesmo considerando a longa série de obras e realizações de Mises, não se poderia esperar que ele próprio realizasse essa tarefa árdua e extremamente difícil. E, não obstante, Ludwig von Mises, isolado e sozinho, abandonado por praticamente todos os seus seguidores, exilado, em Genebra, da Áustria fascista, em meio a um mundo e a um meio profissional que tinham desprezado todos os seus ideais, métodos e princípios, realizou-a. Em 1940, publicou sua monumental e suprema realização, *Nationalökonomie*, obra que, no entanto; foi imediatamente esquecida em meio às preocupações de uma Europa dilacerada pela guerra. Em parte, a *Nationalökonomie* foi ampliada e traduzida para o inglês em 1949 sob o título *Human Action*[17] *(Ação Humana)*. A elaboração de *Ação Humana* constitui, por si mesma, uma façanha notável. O fato de Mises ter conseguido levá-la a cabo em circunstâncias tão drasticamente adversas converte essa obra no que há de mais inspirador e tocante.

Ação Humana é o que de melhor se poderia desejar; é ciência econômica completa, desenvolvida a partir de sólidos axiomas praxeológicos, integralmente baseada na análise do homem em ação, do indivíduo dotado de propósitos agindo no mundo real. E a economia elaborada como disciplina dedutiva, desfiando as implicações lógicas da existência da ação humana. Quanto ao presente autor, que teve o privilégio de lê-la quando de seu lançamento, essa obra mudou o curso de sua vida e de suas ideias. Ali se encontrava um sistema de pensamento econômico com que alguns de nós sonhávamos sem jamais pensar que fosse exequível: uma ciência econômica, completa e racional, a economia tal como devia ser, mas nunca fora. A ciência econômica que *Ação Humana* nos propiciou.

---

[17] Título original em inglês: *Ação Humana* (New Haven, Conn.: Yale University Press, 1949, 1963); terceira edição, revisada (Chicago: Henry Regnery, 1966); edição especial Scholar's Edition (Auburn, Ala.: Ludwig von Mises Institute, 1998, 2008).

A magnitude da façanha de Mises pode também ser aquilatada pelo fato de que *Ação Humana* não foi somente o primeiro tratado geral de economia na tradição austríaca desde a Primeira Guerra Mundial: foi o primeiro tratado geral *em qualquer* tradição. Porque, após a Primeira Guerra Mundial, a economia tornou-se cada vez mais fracionada, rompida em fragmentos e pedaços de análise desintegrados. Desde as obras escritas antes da guerra por homens eminentes como Fetter, Clark, Taussig e Böhm-Bawerk, os economistas tinham deixado de apresentar sua disciplina como um todo dedutivo integrado. Hoje, os únicos que procuram apresentar um quadro geral do campo são os autores dos manuais básicos: e estes, com sua falta de coerência, revelam apenas o deplorável estado a que chegou a ciência econômica. Mas, agora, *Ação Humana* indica a saída daquele lodaçal de incoerência. Pouco mais se pode dizer sobre *Ação Humana*, exceto chamar atenção para algumas das muitas contribuições minuciosas contidas nesse grandioso *corpus* de ciência econômica. Apesar de ter descoberto e enfatizado a preferência temporal como base do juro, o próprio Böhm Bawerk não fizera dela a base de todas as suas teorias, deixando confuso o problema da preferência. Frank A. Fetter aperfeiçoara e refinara a teoria, e estabelecera a explanação do juro com base exclusiva na preferência temporal, em seus notáveis mas desprezados escritos das duas primeiras décadas do século XX. A concepção básica de Fetter sobre o sistema econômico era que as "utilidades" e demandas do consumidor fixam os preços dos bens de consumo, que os fatores individuais ganham sua produtividade marginal e que, assim, todos esses retornos são abatidos pela taxa de juros ou pela taxa de preferência temporal, com o credor ou o capitalista auferindo o desconto. Mises, além de fazer reviver a realização esquecida de Fetter, mostrou que a preferência temporal era uma categoria praxeológica indispensável da ação humana e integrou a teoria do juro de Fetter à teoria böhm-bawerkiana do capital e à sua própria teoria do ciclo econômico.

Mises fez também uma crítica, extremamente necessária, da utilização do método – então de aceitação geral – matemático e estatístico na ciência econômica. Trata se de um sistema baseado no neoclássico suíço Léon Walras, e de uma metodologia que praticamente expulsou a linguagem ou a lógica verbal da teoria econômica. Permanecendo na tradição explicitamente antimatemática dos economistas clássicos e dos "austríacos" (muitos dos quais com completa formação em matemática), Mises salientou que as equações matemáticas só têm utilidade para a descrição do irrealismo, atemporal e estático, do "equilíbrio geral". Quando se abandona esse nirvana e se passa a analisar os indivíduos em ação no mundo real, mundo de tempo e de expectativas, de esperanças e desacertos, a matemática se torna não só inútil, mas também altamente enganosa. Mostrou que o próprio uso da matemática na economia é parte do erro positivista, que trata os homens como pedras e, por conseguinte, acredita que, tal como na física, as ações humanas podem de algum modo ser expressas em gráficos com a precisão matemática com que se traça a trajetória de um míssil pelo ar. Mais ainda, provou que, uma vez que os atores individuais só podem ser vistos e avaliados em termos de diferenças substantivas, o uso do cálculo diferencial – que pressupõe mudanças quantitativas infinitamente pequenas – é particularmente inadequado a uma ciência da ação humana.

O uso de "funções" matemáticas implica também que todos os eventos no mercado são "reciprocamente determinados", pois, em matemática, se x é uma função de y, então y é igualmente uma função de x. Esse tipo de metodologia da "determinação recíproca" pode ser perfeitamente legítimo no campo da física, onde não há agentes causais que atuem singularmente. Mas na esfera da ação humana *há* um agente causal, uma causa "singular": a ação proposital do indivíduo. A economia "austríaca" revela, assim, que a causa flui, por exemplo, *da* demanda do consumidor *para* a cotação dos fatores de produção; e de maneira alguma no sentido inverso.

O método "econométrico", igualmente em moda, que procura integrar eventos estatísticos e a matemática é duplamente falacioso, uma vez que qualquer uso da estatística para chegar a leis previsíveis presume que a análise da ação individual revela, como ocorre na física, constantes confirmáveis, leis quantitativas invariáveis. E, no entanto, como Mises enfatizou, ninguém jamais descobriu uma única constante quantitativa no comportamento humano, e não é plausível acreditar que alguém venha algum dia a fazê-lo, dada a livre vontade inerente a todo indivíduo. Dessa falácia advém igualmente a mania atual pela previsão "científica" na ciência econômica. Mises põe a descoberto, de forma incisiva, a falácia fundamental dessa vã aspiração, antiga mas incurável. A lamentável folha corrida da previsão econométrica nestes últimos anos, a despeito do uso de computadores ultravelozes e de "modelos" econométricos supostamente sofisticados, é apenas mais uma confirmação de uma das muitas provas de perspicácia que Mises ofereceu.

Deploravelmente, com o período entre guerras, somente um aspecto da economia misesiana, afora um fragmento de sua metodologia, conseguiu infiltrar-se no mundo de língua inglesa. Com base em sua teoria do ciclo econômico, Mises previra uma depressão numa época em que, na "Nova Era" da década de 1920, os economistas, em sua maioria, entre eles Irving Fisher, proclamavam um futuro de prosperidade ilimitada, assegurada pelas manipulações dos bancos centrais governamentais. Quando a Grande Depressão se instalou, começou-se a manifestar vivo interesse pela teoria misesiana do ciclo econômico, sobretudo na Inglaterra. Esse interesse foi incrementado peta migração para a *London School of Economics* do eminente discípulo de Mises, Friedrich A. Hayek, cujo aperfeiçoamento da teoria do ciclo econômico foi rapidamente traduzido para o inglês no princípio da década de 1930. Ao longo desse período, o seminário conduzido por Hayek na London School formou muitos teóricos "austríacos" do ciclo econômico, entre os quais John R. Hicks, Abba P. Lerner, Ludwig M. Lachmann e Nicholas Kaldor. Além disso, discípulos ingleses de Mises, como Lionel Robbins e Frederic Benham, publicaram as explanações misesianas da Grande Depressão na Inglaterra. Os escritos dos alunos "austríacos" de Mises, como os de Fritz Machlup e Gottfried von Haberler, começaram a ser traduzidos, e, finalmente, em 1934, Robbins supervisionou a tradução de *The Theory of Money and Credit* em 1931, Mises publicou sua análise da depressão em *Die Ursachen der Wirtschaftskrise*[18]. Tudo indicava, na primeira metade da década de 1930, que a teoria misesiana do ciclo econômico prevalecia e, se isso ocorresse, suas demais teorias não poderiam ficar muito atrás.

A América foi muito lenta em assimilar a teoria "austríaca", mas a enorme influência da ciência econômica inglesa nos EUA assegurou a difusão da teoria misesiana do ciclo econômico também nesse país. Logo que Gottfried von Haberler publicou a primeira síntese da teoria do ciclo de Mises-Hayek[19], Alvin Hansen, economista em ascensão, voltou-se para a doutrina "austríaca". Além da teoria do ciclo, a teoria "austríaca" do capital e do juro foi revivificada numa notável série de artigos publicados em revistas especializadas norte-americanas por Hayek, Machlup e pelo jovem economista Kenneth Boulding.

Parecia cada vez mais que a economia "austríaca" seria a onda do futuro, e que Ludwig von Mises obteria finalmente o reconhecimento que há tanto tempo merecia e nunca alcançara. Mas, a um passo da

---

[18] Tradução de Bettina Bien Greaves, "The Causes of the Economic Crises," em Ludwig von Mises, *On the Manipulation of Money and Credit* (Dobbs Ferry, N.Y.: Free Market Books, 1978). Reimpresso como The Causes of the Economic Crisis: And Other EssaysBefore and After the Great Depression (Auburn, Ala.: Ludwig von Mises Institute, 2006).

[19] Esta ainda é uma das melhores introduções breves da análise misesiana dos ciclos econômicos. Ver Gottfried von Haberler, "Money and the Business Cycle," em *The Austrian Theory of the Trade Cycle and Other Essays* (New York: Center for Libertarian Studies, September 1978); reimpresso em 1996 e 2003 (Auburn, Ala.: Ludwig von Mises Institute).

vitória, a tragédia sobreveio na forma da famosa "Revolução Keynesiana". Com a publicação da *General Theory of Employment, Interest and Money*, em 1936, a nova, incompleta e emaranhada justificativa e racionalização da inflação e dos déficits governamentais proposta por John Maynard Keynes assolou o mundo econômico como fogo na pradaria. Até Keynes, a ciência econômica constituíra um freio impopular ao fomento da inflação e ao déficit orçamentário, mas agora, como Keynes, e armados com seu jargão nebuloso, obscuro e quase matemático, os economistas podiam atirar-se a uma popular e lucrativa aliança com políticos e governos ansiosos por expandir sua influência e poder. A economia keynesiana foi esplendidamente talhada para servir de armadura intelectual para o moderno estado provedor-militarista (welfare-warfare state), para o intervencionismo e o estatismo, em ampla e poderosa escala.

Como ocorre frequentemente na história da ciência social, os keynesianos não se deram ao trabalho de refutar a teoria misesiana, que foi simplesmente esquecida, prontamente varrida pelo brusco avanço da adequadamente chamada "Revolução Keynesiana". A teoria misesiana do ciclo, com o restante da economia "austríaca", foi simplesmente despejada pelo "buraco da memória" orwelliano abaixo, perdida dali por diante para os economistas e para o mundo. Provavelmente o mais trágico aspecto desse esquecimento maciço foi a deserção dos mais capazes dos seguidores de Mises: a debandada rumo ao keynesianismo não só de alunos ingleses de Hayek, de Hansen – que logo se converteu no principal keynesiano norte-americano – mas também dos austríacos que tinham maior conhecimento. Estes deixaram rapidamente a Áustria para ocupar elevados cargos acadêmicos nos EUA e formar a ala moderada da economia keynesiana. Depois da fulgurante perspectiva das décadas de 1920 e 1930, apenas Hayek e o menos conhecido Lachmann permaneceram fiéis e íntegros. Foi em meio a esse isolamento, esse esboroamento de suas grandes e merecidas esperanças, que Ludwig von Mises trabalhou para completar a grandiosa estrutura de *Ação Humana*.

Capítulo 9
Mises nos Estados Unidos

Perseguido em sua Áustria natal, Ludwig von Mises foi um dos muitos notáveis europeus exilados. Indo primeiro para Genebra, ali lecionou no Instituto de Estudos Internacionais de 1934 a 1940. Foi nesta cidade que se casou com a encantadora Margit Sereny-Herzfeld, em 1938. Em 1940 partiu para os Estados Unidos[20]. No entanto, enquanto incontáveis exilados europeus socialistas e comunistas eram recebidos de braços abertos no meio universitário do país, e enquanto seus ex-seguidores obtinham elevados postos acadêmicos, o próprio Mises foi menosprezado e esquecido. Uma inextinguível e intransigente adesão ao individualismo, tanto no método econômico quanto na filosofia política, vedou-lhe a entrada no mesmo meio acadêmico que se vangloriava de uma "livre busca da verdade". No entanto, na cidade de Nova York, mesmo vivendo de pequenas subvenções concedidas por fundações, Mises conseguiu publicar, em 1944, dois notáveis livros escritos em inglês: *Omnipotent Government*[21] e *Bureaucracy*[22]. O primeiro mostrava que o regime nazista não era, como o pretendia a análise marxista da moda, a "etapa mais elevada do capitalismo", sendo, antes, uma forma de socialismo totalitário. *Bureaucracy* apresentou uma análise, de vital importância, da diferença decisiva entre a administração para o lucro e a administração burocrática, demonstrando que as graves ineficiências da burocracia eram, além de inerentes a qualquer atividade governamental, inevitáveis.

Para o mundo acadêmico norte-americano é uma mancha inesquecível e vergonhosa o fato de Ludwig von Mises nunca ter obtido um cargo universitário remunerado, de tempo integral. A partir de 1945 ele se tornou um simples Professor Visitante na Graduate School of Business Administration, na *New York University*. Nessas condições, tratado muitas vezes como cidadão de segunda classe pelas autoridades universitárias, distante dos centros acadêmicos de prestígio e cercado sobretudo por alunos de cursos de especialização em contabilidade ou finanças empresariais, pouco motivados e de curta penetração intelectual, Ludwig von Mises retomou seus outrora famosos seminários semanais. Infelizmente não podia, nesse tipo de cargo, alimentar a esperança de formar um número considerável de jovens

---
[20] Ver Ludwig von Mises, *Notes and Recollection* (Grove City, Penn.: Libertarian Press, 1978).
[21] New Haven, Conn.: Yale University Press, 1944; reimpresso em 1985 (Grove City, Penn.: Libertarian Press).
[22] New Haven, Conn.: Yale University Press, 1944; reimpresso em 1983 (Grove City, Penn.: Libertarian Press).

economistas universitários; não podia ter esperanças de reproduzir o fulgurante sucesso de seus seminários em Viena.

Apesar dessas tristes e inauspiciosas condições, Mises conduziu seu seminário de cabeça erguida e sem queixas. Nós, que o conhecemos em seu período na NYU, jamais ouvimos de sua boca uma palavra de amargura ou de ressentimento. Com sua maneira infalivelmente gentil e afável, procurava encorajar e estimular qualquer possível lampejo de criatividade em seus alunos. A cada semana, uma torrente de projetos de pesquisa jorrava dele. Cada palestra sua era uma joia caprichosamente trabalhada, rica em novas percepções, trazendo uma síntese de toda a sua visão econômica. Aos alunos que adotavam uma postura silenciosa e atemorizada dizia, com sua característica e bem humorada piscadela de olho: "Não tenha medo de falar. Lembre-se: seja o que for que você disser sobre o assunto, e por absurdo que seja, algum eminente economista já o terá dito antes".

Apesar do beco sem saída em que Mises fora colocado, surgiu do seminário um diminuto grupo de alunos pós-graduados dispostos a levar à frente a tradição austríaca. Além disso, o seminário funcionou como um chamariz para estudantes não regularmente matriculados, que, para frequentá-lo, afluíam, a cada semana, de toda a Nova York. O prolongamento deste seminário num restaurante das redondezas era apenas um de seus encantos: no entanto, representava não mais que um pálido reflexo dos dias em que o famoso *Mises-kreis* costumava fazer preleções num café de Viena. Mises desfiava uma interminável série de histórias e ideias, e bem sabíamos que nessas histórias, bem como na própria aura e pessoa do mestre, estávamos, todos nós, em presença de uma encarnação da Velha Viena, de um tempo bem mais digno e cheio de encanto. Nós que tivemos o privilégio de assistir a seu seminário na NYU podíamos compreender perfeitamente que Mises era tão grande mestre quanto economista.

Portanto, apesar de sua situação, Mises conseguiu atuar como um farol isolado, indicando a liberdade, o *laissez-faire* e a abordagem econômica "austríaca" num meio inóspito. Como vimos, sua notável produtividade permaneceu infatigável no Novo Mundo. E, felizmente, houve bastante gente de boa vontade para traduzir suas obras clássicas e para publicar sua contínua produção. Ludwig von Mises foi o centro focal do movimento libertário no período pós-guerra nos Estados Unidos: um guia e uma permanente inspiração para todos nós. A despeito do menosprezo do mundo universitário, todas as suas obras estão virtualmente no prelo hoje, aí mantidas por um número crescente de discípulos e seguidores. E, mesmo nas resistentes fileiras dos economistas no meio universitário, cresceu nos últimos anos o número de alunos de pós-graduação e de jovens professores que abraçaram a tradição austríaca e misesiana.

E isto não só nos Estados Unidos: não é fato suficientemente sabido que, através de seus discípulos e colegas, Ludwig von Mises desempenhou um papel de vanguarda no movimento de repúdio ao coletivismo e em direção a uma economia de mercado pelo menos parcialmente livre, movimento este que teve lugar na Europa ocidental, no período subsequente à Segunda Guerra Mundial. Na Alemanha Ocidental, Wilhelm Röpke, seu discípulo dos tempos de Viena, foi o principal propulsor intelectual da virada do coletivismo para uma economia de mercado relativamente livre. Na Itália, o presidente Luigi Einaudi, seu antigo colega no estudo da economia de mercado livre, desempenhou um papel de destaque, afastando o país do socialismo então em franco desenvolvimento, após a guerra. E seu seguidor, Jacques Rueff, principal conselheiro econômico do general de Gaulle, lutou corajosamente, virtualmente sozinho, pelo retorno ao padrão-ouro.

É um tributo final ao inextinguível espírito de Ludwig von Mises registrar que continuou realizando semanalmente seu seminário na NYU, sem interrupção, até a primavera de 1969, quando se aposentou na qualidade incontestável de mais velho professor em atividade nos Estados Unidos, ágil e vigoroso aos 87 anos.

Capítulo 10
O Redescobrimento

Ludwig von Mises morreu na cidade de Nova York em 10 de outubro de 1973, aos 92 anos. Após sua morte, seus escritos e sua influência conheceram um verdadeiro redescobrimento, só empanado pelo fato de que ele já não o podia presenciar. A nova alvorada foi sem dúvida inaugurada pelo prêmio Nobel que Hayek recebeu em 1974 exatamente por ter aperfeiçoado, nas décadas de 1920 e 1930, a teoria misesiana do ciclo econômico. Tendo sido conferido após a premiação de uma longa série de keynesianos e econometristas, esse Nobel despertou interesse pela teoria misesiana, pouco conhecida e esquecida. É também indubitável que o renovado interesse por Mises e pela Escola Austríaca redobrou com a crise permanente em que mergulhou a economia keynesiana, em decorrência da profunda recessão de 1973-75. Esta crise se caracterizou tanto pela inflação como pelo desemprego, fenômeno progressivo que viola todos os cânones da teoria keynesiana.

Seguiram-se três simpósios sobre economia "austríaca" realizados no *Royalton College*, na *Universidade de Harford* e no *Castelo de Windsor*, Inglaterra, que resultaram todos em volumes publicados. Em 1974, numa mesa redonda realizada na *Southern Economic Association*, apresentaram-se ensaios sobre Ludwig von Mises, mais tarde reunidos num volume. Posteriormente, realizaram-se vários seminários didáticos, bem como dois simpósios "ampliados" em que economistas misesianos e neoclássicos se degladiaram. O mais recente teve lugar na *New York University* em setembro de 1981, por ocasião da passagem do centenário do nascimento de Mises.

Hoje, os economistas misesianos se espalham por todo os Estados Unidos, tendo, com outros seguidores da Escola Austríaca, constituído seus principais núcleos na *New York University*, na *George Mason University* e na *Auburn University*; todas com cursos de doutorado. Uma enorme quantidade de artigos, livros e dissertações de doutorado veio à luz, trazendo importantes contribuições a numerosos aspectos da economia misesiana: a metodologia, a teoria monetária, o capital e o juro, a história do pensamento econômico, a crítica da economia do estado provedor e da teoria dos "custos sociais", as aplicações no campo do Direito e da Teoria Jurídica, a análise da inflação da década de 1920 e da depressão de 1929, a impossibilidade de previsão econômica no socialismo, os direitos de propriedade e a crítica da intervenção governamental. Em 1982, foi fundado em Washington o *Ludwig von Mises Institute for Austrian Economics, Inc.*, com a finalidade específica de promover os estudos misesianos. Em 1983 o Instituto se associou à *Auburn University*.

A inspirada e infatigável dedicação de sua viúva, Margit von Mises, foi fundamental na redescoberta de Mises de 1974 em diante. Com inquebrantável dedicação, ela supervisionou e preparou a edição dos numerosos escritos do falecido marido, conseguiu editoras que os reeditassem, editassem ou traduzissem e traduziu suas obras para outras línguas. Após a morte do mestre, ela se tornou a única grande divulgadora da obra de Mises.

Em 1976, Margit publicou ternas e comoventes memórias de sua vida conjugal, *My Years with Ludwig von Mises*. Além disso, mandou traduzir e publicar uma reveladora autobiografia intelectual que Mises escrevera nos dias sombrios da década de 1940 e confiara a seus cuidados, com as palavras: "Isto é tudo que as pessoas precisam saber a meu respeito". O livro foi publicado em 1978 com o título *Notes and Recollections*[23]. O tradutor, o Professor Hans F. Sennholz, comentou mais tarde que nunca havia sido, em toda a sua vida, tão atentamente supervisionado.

---

[23] Margit von Mises, *My Years with Ludwig von Mises* (New Rochelle, N.Y.: Arlington House, 1976); Ludwig von Mises, *Notes and Recollections* (South Holland, Ill.: Libertarian Press, 1978).

Capítulo 11

A Saída: Um Futuro Promissor

Há sinais cada vez mais promissores de que o isolamento das ideias e contribuições de Ludwig von Mises vem sendo rapidamente superado. Por outro lado, as contradições internas e as consequências funestas dos falsos rumos tomados pelas ciências sociais e pela política tornaram-se cada vez mais evidentes nos últimos anos[24]. Na Europa oriental, a notória incapacidade dos governos comunistas de planejar suas economias gerou um movimento em direção a um mercado livre. Nos Estados Unidos e no Ocidente em geral, as panaceias keynesianas e inflacionistas revelaram sua falência básica. O colapso das políticas apregoadas por Keynes, ao lado das falhas evidentes da teoria deste autor, tem sido a fonte de uma inquietação crescente em relação a toda a estrutura keynesiana. Os flagrantes esbanjamentos dos gastos governamentais e o domínio da burocracia evidenciam, de maneira severa, a improcedência da famosa afirmativa de Keynes de que não importa que o governo gaste recursos em bens produtivos ou em pirâmides. O irremediável colapso da ordem monetária internacional obriga os governos pós-keynesianos de todo o mundo a desviarem-se de uma crise para outra, entre duas "soluções" insatisfatórias: taxas de câmbio flutuantes para papéis-moedas sem lastro, ou taxas de câmbio fixas amparadas por controles cambiais que prejudicam o comércio exterior e o investimento estrangeiro.

A crise do keynesianismo deve ser considerada no âmbito do quadro mais geral de uma crise de estatismo e de intervencionismo, tanto no plano das ideias como no das ações. Nos Estados Unidos, o moderno "liberalismo" estatista mostrou-se incapaz de enfrentar a crise que ele mesmo criara: o conflito de blocos militares nacionais, financiamento, conteúdo, pessoal e estrutura das escolas públicas, com a inflação permanente e a crescente resistência da população a impostos confiscatórios e prejudiciais. O moderno estado provedor-militarista vem sendo cada vez mais contestado justamente em seu caráter tanto provedor quanto militarista. Na esfera da teoria, há uma crescente rebelião contra a ideia de que uma elite de tecnocratas "científicos" nos deva manipular como matérias-primas de sua engenharia social. Por

---

[24] Para uma interpretação filosófica a respeito da rejeição e omissão generalizadas em relação a Ludwig von Mises, ver Murray N. Rothbard, "Ludwig von Mises and the Paradigm for Our Age," Modern Age (Fall, 1971): 370–79.

sua vez, a ideia de que o governo pode e deve compelir países subdesenvolvidos e desenvolvidos a um "crescimento econômico" artificial vem sendo também cada vez mais combatida.

Por toda parte, em suma, em todas as áreas de pensamento e ação, o estatismo moderno que Ludwig von Mises combateu toda a sua vida vem sendo alvo de um cada vez mais intenso fogo cerrado de críticas e desilusões. Os homens já não estão dispostos a se submeter docilmente aos decretos e ditames dos seus pretensos "soberanos" governantes. Mas o problema é que o mundo só conseguirá escapar ao miasma estatista quando puder encontrar uma alternativa viável e coerente. O que ainda não compreendemos plenamente é que esta alternativa já nos foi oferecida por Ludwig von Mises. Ele nos oferece a saída da crise e dos dilemas que se abateram sobre o mundo moderno: durante toda a sua vida, previu e mostrou as razões da desilusão que hoje experimentamos e forjou laboriosamente o construtivo caminho alternativo que devíamos seguir. Não é de espantar que seja cada vez maior o número de pessoas que vêm descobrindo e adotando esse caminho.

No prefácio (1962) à tradução inglesa de seu *Liberalismus*, Mises escreveu:

> Quando, há trinta e cinco anos atrás, procurei elaborar uma síntese das ideias e princípios da filosofia social a que outrora chamavam liberalismo, não alimentava vã esperança de que minha exposição evitaria a iminente catástrofe a que as políticas adotadas pelas nações europeias manifestamente conduziam. Tudo o que esperava era oferecer à pequena minoria das pessoas que pensam uma oportunidade de aprender alguma coisa sobre os objetivos do liberalismo clássico e sobre suas realizações, preparando, assim, o caminho para uma ressurreição do espírito de liberdade *depois* da derrocada que se aproxima[25].

Em seu tributo a Mises, Jacques Rueff declarou:

> "...Ludwig von Mises foi a salvaguarda dos fundamentos de uma ciência econômica racional.... Com seus ensinamentos, lançou as sementes de uma regeneração que frutificará assim que os homens voltem a preferir as teorias verdadeiras às agradáveis. Quando esse dia chegar, todos

---

[25] Ludwig von Mises, *The Free and Prosperous Commonwealth: An Exposition of the Ideas of Classical Liberalism*, traduzido por Ralph Raico (Princeton, N.J.: D. Van Nostrand, 1962), pp. vi–vii.

os economistas reconhecerão que Ludwig von Mises merece sua admiração e gratidão"[26]

Multiplicam-se os sinais de que a derrocada e o colapso do estatismo estão de fato propiciando essa regeneração, e de que a minoria pensante que Mises esperava atingir cresce rapidamente. Se estivermos de fato no limiar de um renascimento do espírito de liberdade, este próprio renascimento será, então, o monumento que coroará a vida e o pensamento de um nobre e magnífico homem.

---

[26] Jacques Rueff, "The Intransigence of Ludwig von Mises," em Mary Sennholz, ed., *On Freedom and Free Enterprise* (Princeton, N.J.: D. Van Nostrand, 1956), p. 16.